INSTITUT DE FRANCE

ACADÉMIE DES SCIENCES MORALES ET POLITIQUES

NOTICE

SUR

M. LE DUC D'AUMALE

PAR

M. ALFRED RAMBAUD

MEMBRE DE L'ACADÉMIE

lue dans les séances des 25 février et 4 mars 1899

PARIS

TYPOGRAPHIE DE FIRMIN-DIDOT ET Cie

IMPRIMEURS DE L'INSTITUT DE FRANCE, RUE JACOB, 56

M DCCC XCIX

INSTITUT DE FRANCE

ACADÉMIE DES SCIENCES MORALES ET POLITIQUES

NOTICE

SUR

M. LE DUC D'AUMALE

PAR

M. ALFRED RAMBAUD

MEMBRE DE L'ACADÉMIE

Lue dans les séances des 25 février et 4 mars 1899

PARIS

TYPOGRAPHIE DE FIRMIN-DIDOT ET Cⁱᵉ

IMPRIMEURS DE L'INSTITUT DE FRANCE, RUE JACOB, 56

M DCCC XCIX

INSTITUT
1899. — 4.

INSTITUT DE FRANCE

ACADÉMIE DES SCIENCES MORALES ET POLITIQUES

NOTICE

SUR

M. LE DUC D'AUMALE

PAR

M. ALFRED RAMBAUD

MEMBRE DE L'ACADÉMIE

Lue dans les séances des 25 février et 4 mars 1899

MESSIEURS,

Un auteur ancien accorde la même louange à ceux qui accomplirent de belles actions et à ceux qui écrivirent les belles actions d'autrui : *et qui fecere et qui facta aliorum scripsere* (1). L'illustre confrère dont j'ai, à mon tour, l'honneur de vous entretenir suivit ce double chemin vers la gloire. Il accomplit de belles actions, et en racontant les services que d'autres ont rendus à l'armée et à la pa-

---

1. *Vel pace, vel bello clarum fieri licet; et qui fecere et qui facta aliorum scripsere multi landantur.* Salluste, *Catilina*, III, 1.

trie, il a conquis une place d'honneur parmi les écrivains
éminents de ce siècle. Je parlerai d'abord de l'homme,
puis de l'écrivain.

I

Il était né prince, issu de la race royale la plus illustre
qui fût en Europe; à huit ans, il se trouva être un fils de
roi; mais il fut tout cela en un temps où toute dignité
royale était tenue en échec par une force nouvelle, qui
avait déjà brisé des trônes en de retentissantes catas-
trophes et qui ne laissait à ceux dont elle subissait encore
le prestige qu'une existence incertaine et précaire. C'était
une révolution qui avait fait de lui un fils de roi; on sait
tout ce qu'il souffrit des révolutions qui suivirent. La situation d'un prince de sang royal, à toutes les époques de
notre histoire, qu'il s'agît des Orléans ou des Condé, a
toujours eu un caractère à part, privilégié pour l'infor-
tune comme pour la faveur : combien plus la situation
d'un « enfant de France » dans un pays qui avait connu
Danton et Robespierre et en présence d'une démocratie
déjà puissante et qui n'avait accepté la royauté de Juillet
que comme une transaction! C'est la fatalité de notre
histoire tout entière qui a influé sur la vie du duc d'Aumale
et qui tantôt lui offrit des occasions exceptionnellement
favorables de montrer ce qu'il valait, tantôt le réduisit à
envier ceux de ses compagnons de péril et de gloire qui
n'avaient pas d'aïeux.

Le caractère transactionnel de l'époque où il fit ses
premières armes a influé même sur son éducation pre-

mière. Il appartenait à une branche de la famille royale qui se distinguait de la branche régnante par son inclination marquée pour les idées libérales : le fils du duc d'Orléans, même, devenu roi des Français, ne pouvait être élevé comme le furent un grand dauphin ou un duc de Bourgogne ; son père comprenait que les « fils de France » devaient être mis de bonne heure en contact avec les classes bourgeoises, soutien du régime nouveau, même avec la démocratie, qui en était l'antagoniste. Louis-Philippe disait à leur maître M. Cuvillier-Fleury : « Il faut que mes fils restent princes ; le métier est rude aujourd'hui... Il faut élever les princes comme s'ils ne l'étaient pas. » C'est ainsi que le duc d'Aumale prit place sur les bancs du collège Henri IV et fut plusieurs fois lauréat du concours général.

Ce qui distingua cette éducation de celle des simples bourgeois, ce furent moins les privilèges du prince que les obligations spéciales à un prince : la première était, à peine sorti de l'enfance, de revêtir l'uniforme comme les fils de toutes les maisons souveraines. Dès l'âge de quinze ans, les manœuvres du camp de Fontainebleau, les exercices du tir de Vincennes durent se partager avec les dernières études classiques le temps du jeune duc. A quinze ans il était sous-lieutenant ; à seize ans, lieutenant d'infanterie.

L'état de l'Europe à cette époque, les dix-huit années de paix dont elle jouit, en grande partie grâce à la sagesse politique du roi des Français, limitaient singulièrement, pour les princes des autres maisons régnantes, les perspectives de gloire militaire. La plupart, pendant leurs plus belles années, ne connurent du métier des armes que les minutes de caserne ou la monotonie des parades. Les fils de Louis-Philippe eurent une meilleure fortune. A défaut des grandes guerres européennes, ils trouvèrent sur le sol africain de nouveaux champs de bataille; ils y apprirent la guerre aux côtés des vétérans de Napoléon. La royauté de Juillet, à laquelle on a reproché, non sans injustice, son goût pour la paix, y astreignait les autres puissances militaires de l'Occident européen, mais elle fut, de l'autre côté de la Méditerranée, belligérante. Elle seule, tandis que les autres n'eurent que des armées de paix, eut une armée de guerre, conquit des provinces et remporta des victoires.

Cinq des fils du roi firent campagne en Afrique. Le duc d'Orléans, en sa qualité d'héritier, fut promptement rappelé en France; le duc de Nemours fit les deux campagnes de Constantine et une pointe sur le Chélif; le prince de Joinville intervint par une diversion maritime; le duc de Montpensier, plus jeune et venu plus tard, ne prit part qu'à deux expéditions. Le duc d'Aumale, qui put se féliciter de n'être pas un aîné, eut le temps de faire jusqu'à sept campagnes en Algérie, d'y conquérir successivement tous ses grades. L'éclat de ses faits d'armes, puis sa nomination comme gouverneur général en 1847, semblaient l'avoir attaché définitivement au sort de l'Algérie française, comme au sort de toutes les créations militaires et politiques qui s'y ébauchèrent. Il fut le véritable « Africain » de la famille.

Il avait dix-huit ans et le grade de chef de bataillon quand il lui fut donné de faire ses premières armes. Sa

qualité de prince l'y gêna d'abord. Les chefs auxquels le roi
l'avait confié hésitaient à exposer au péril cet adolescent :
« Nous sommes responsables de vous devant le roi », di-
saient-ils. L'ardeur de son courage lui fit saisir les occasions
qu'on lui refusait. Au combat de l'Affroun, comme il portait
un ordre au commandant de la cavalerie, il eut la bonne
fortune de charger avec les chasseurs à cheval. Au col de la
Mouzaïa, c'est à pied qu'il charge avec l'infanterie, car il
a cédé son cheval à son colonel démonté. Après deux cita-
tions à l'ordre de l'armée, après sa nomination comme
chevalier de la Légion d'honneur et sa promotion au grade
de lieutenant-colonel, il fallut bien le traiter non en prince,
mais en soldat.

L'année suivante, placé sous les ordres de Bugeaud, il
lui écrivit : « Je vous prierai de ne m'épargner ni fatigues,
ni quoi que ce soit. Je suis jeune et robuste et, en vrai
cadet de Gascogne, il faut que je gagne mes éperons. » —
« Vous ne voulez pas être ménagé? Je n'en eus jamais
la pensée. Je vous ferai votre juste part de fatigues et
de dangers; vous saurez vous-même vous faire votre part
de gloire. » Et il en fut ainsi, encore que du ministère de
la Guerre on réitérât l'ordre de veiller à ce que le jeune
prince « ne puisse être exposé, et encore moins compromis ».

Ravitaillement de Médéa et de Miliana, combats du
bois des Oliviers et de la plaine du Chélif, vigoureuse
offensive dans l'Ouarensenis, tels sont ses états de service
pour les campagnes de 1841 et 1842 : le voilà colonel,
puis maréchal de camp, commandant supérieur de la province de Tittéri.

L'année 1843 s'ouvre par une expédition dans la vallée du Sébaou, presque au cœur de la Grande-Kabylie. Puis le duc d'Aumale est rappelé dans l'ouest par Bugeaud, qui, résolu à en finir avec Abd-el-Kader, tendait autour de lui, comme un filet, le réseau de ses colonnes mobiles. L'une d'elles, formée à Boghar, était commandée par le duc d'Aumale. C'est ce corps de troupes qui, le 16 mai 1843, ayant obliqué vers l'est, sans s'y attendre, sans qu'elle s'y attendît, tomba sur la Smala d'Abd-el-Kader.

La prise de la Smala a été souvent racontée. L'art comme la littérature ont illustré cet exploit. Ce qui en fait la haute valeur, c'est que le jeune prince, malgré les supplications de plusieurs de ses lieutenants, comprit que le seul salut de sa petite troupe était au prix de la décision la plus énergique.

Dans l'immensité de la cité errante qu'était la Smala, sous ses 10 000 tentes habitées par 30 000 ou 40 000 âmes, il y avait, dispersée et diffuse, une force de 5 000 ou 6 000 combattants, dont le noyau était formé par un bataillon des *réguliers* de l'émir, les redoutables « fantassins bleus », véritables précurseurs de nos *turcos* d'aujourd'hui. Si on leur laissait le temps de se reconnaître et de se rassembler, c'en était fait de la poignée de cavaliers dont disposait le duc d'Aumale ; quant à la colonne d'infanterie, forte de 1 500 hommes qu'il s'agissait d'attendre, qui ne pouvait arriver et n'arriva en effet que deux heures plus tard (1), elle ne fût apparue que pour livrer combat dans

---

(1) Et encore ne fut-ce que la première partie de la colonne, les zouaves et l'artillerie. Le reste, deux bataillons d'infanterie et cinquante cavaliers escortant le convoi, n'arriva que longtemps après les zouaves.

les conditions matérielles et morales les plus désas-
treuses. Ceux des officiers français qui conseillaient de
rejoindre ou d'attendre l'infanterie conseillaient précisément une témérité. Quand l'aga Ameur-ben-Ferhad,
se jetant à bas de son cheval et embrassant les genoux
du prince, lui criait : « Sur la tête de ton père, ne fais
pas de folie », le salut était précisément au prix de cette
« folie » (1).

Le duc d'Aumale n'obéissait pas seulement à un point
d'honneur quand, aux conseils de prudence, il répondait :
« Je suis d'une race qui n'a jamais reculé; je ne donnerai
pas l'exemple. » Non, il comprenait que l'offensive la plus
audacieuse était, à ce moment, la prudence même. Sans se
demander s'il était « exposé » ou « compromis », il donna
le signal de la charge, et, comme toujours, il chargea en
tête, plongeant dans cet océan de tentes.

On sait de quel prodigieux succès son audace fut cou-
ronnée. L'élan de cinq cents cavaliers avait suffi pour rendre inutile l'effort désespéré mais incohérent de 5 000 combattants, et pour livrer aux Français, outre d'immenses
richesses et de précieux trophées, 15 000 ou 20 000 prison-
niers. Et l'on n'eut que 9 tués et 12 blessés! En ce jour,
le duc d'Aumale accomplit « un acte à la Condé », comme
dira plus tard le général Saussier. Les chefs arabes pri-

---

(1) Voir C. Rousset, *la Conquête de l'Algérie*, t. Ier; p. 193. Le récit du
général du Barail, *Mes souvenirs*, t. Ier, p. 202, diffère en beaucoup de points
de ceux qui ont servi de base à l'exposé de C. Rousset, notamment en
ce qui concerne les propos qu'aurait tenus tel ou tel des personnages
secondaires. Tous s'accordent à attribuer au colonel Morris le conseil d'une
offensive immédiate.

2

sonniers disaient : « Si chaque homme de la Smala avait voulu combattre avec un bâton seulement, les vainqueurs eussent été vaincus ; mais les décrets de Dieu ont dû s'accomplir. »

Le colonel Charras trouve des expressions encore plus fortes : « Pour entrer, comme l'a fait le duc d'Aumale, avec cinq cents hommes au milieu d'une pareille population, il fallait avoir vingt-trois ans (1), ne pas savoir ce que c'est que le danger, ou bien avoir le diable dans le ventre. Les femmes seules n'avaient qu'à tendre les cordes des tentes sur le passage des chevaux pour les culbuter et qu'à jeter leurs pantoufles à la tête des soldats pour les exterminer tous depuis le premier jusqu'au dernier (2). » Le duc d'Aumale, si jeune qu'il fût, n'ignorait pas ce que c'est que le danger, pas plus que ne l'ignora Condé au même âge ; mais il le voyait où il était réellement : dans une seule minute d'indécision.

Avec sa grande autorité, Bugeaud était en droit de dire : « La fortune a été pour peu de chose dans ce brillant succès. Il est dû à la décision du chef, à l'audace et à l'impétuosité de l'attaque. »

Et dans sa lettre au prince : « Oui, vous avez bien fait de ne pas attendre l'infanterie ; il fallait brusquer l'affaire comme vous l'avez fait. Cette occasion presque inespérée, l fallait la saisir aux cheveux. Votre audace devait frapper de terreur cette multitude désordonnée. Si vous aviez hésité, les guerriers se seraient réunis pour protéger leurs

(1) En réalité vingt et un ans.
(2) E. Daudet, *le Duc d'Aumale*, Paris, 1898, p. 63.

familles. La décision, l'impétuosité, l'à-propos, voilà ce qui constitue le vrai guerrier (1). »

Si éclatant était le succès qu'il désarma la susceptibilité d'un rival, Saint-Arnaud, dont la promotion du prince au grade de lieutenant général avait ajourné l'avancement. Une année après la prise de la Smala, ayant été amené à visiter le terrain de Taguine et à se faire expliquer sur les lieux l'action du 16 mai 1843, il écrivait à un de ses frères : « Je persiste à dire que c'est un coup de hardiesse admirable. Avec la prise de Constantine, c'est le fait saillant de la guerre d'Afrique. A mon sens, la meilleure raison pour attaquer, c'est que, la retraite étant impossible, il fallait vaincre ou périr. Vingt-quatre heures plus tôt ou plus tard, il ne revenait pas un Français de la colonne (2). » On pourrait même dire : « Une heure plus tard. »

Le coup frappé par le Fils du Roi, *Ould-el-Rey*, comme l'appelaient les Arabes, eut un profond retentissement dans l'Algérie entière. Un cousin de l'émir, El-Hossin-ben-Ali (3), qu'Abd-el-Kader avait envoyé dans la tribu des Kriala pour y lever de l'argent et des hommes, fut secrètement averti, par un émissaire, du désastre de Taguine. Il comprit que, dès que la nouvelle serait ébruitée parmi ces tribus mobiles, sa vie même serait en danger : « Nous fûmes anéantis. Nous ne dîmes rien aux Kriala ; mais, montant à cheval, nous rejoignîmes Abd-el-Kader à marches forcées. »

---

(1) Cité par C. Rousset, *la Conquête de l'Algérie*, t. 1ᵉʳ, p. 197.
(2) Saint-Arnaud, *Lettres*, t. I, p. 416.
(3) Son récit a été traduit de l'arabe dans la *Revue Africaine*, t. XX.

Du jour où l'émir eut perdu son trésor, ses canons, ses étendards, avec une partie de sa famille, son prestige reçut dans les tribus une atteinte dont il ne put se relever. Les campagnes de 1841 à 1843 lui avaient enlevé les places d'armes du royaume qu'il rêvait de fonder, Tagdempt, Boghar et Boghari, Taza, Saïda, Mascara, Sebdou ; le coup de main du duc d'Aumale lui enlevait sa capitale de tentes, ses *palais de poil*. Il n'était plus un sultan, mais un aventurier condamné à la vie nomade, et la péripétie finale, encore qu'elle pût se faire attendre, apparaissait inévitable.

Plus d'un demi-siècle s'est écoulé depuis ces événements. En 1892, comme j'étais chargé d'une inspection sur les écoles indigènes des Hauts-Plateaux et du Sahara, j'ai visité les sources de l'Oued-Taguine. En ces mêmes lieux où s'opéra la prise de la Smala campait la tribu des Ouled-Meggan, autrefois une des plus belliqueuses, pendant longtemps une des plus remuantes, et qui a dû être comprise dans la gigantesque razzia du 16 mai. J'étais à la poursuite de son école, qui, étant celle d'une tribu nomade, était elle-même nomade, et dont le matériel scolaire, chargé à dos de chameau, suivait les Ouled-Meggan dans tous leurs déplacements. Je finis par la trouver installée sous la tente qui lui était spécialement affectée, les élèves assis à terre, l'instituteur indigène debout devant le tableau noir. J'examinai les cahiers de classe, j'interrogeai les enfants, je leur fis inscrire des phrases, opérer des calculs au tableau ; je trouvai des écoliers d'esprit très vif, écrivant et parlant très correctement le français, même au courant de certaines difficultés de notre orthographe, et enfin possédant des notions assez précises d'histoire de France et de géographie. J'appris que le caïd de la tribu et l'autorité militaire, dans l'intérêt des études, avaient décidé que l'école cesserait d'être nomade, que les écoliers resteraient à l'avenir avec la fraction de population qui ne suivait pas les déplacements; et en effet, non loin de la tente-école, non loin d'une autre tente où se donnait non plus l'enseignement français mais l'enseignement koranique, commençait à sortir du sol une maison de pierre, la seule qui existât dans le pays. Avant mon départ, je pris des photographies qui représentent la tente-école, l'instituteur en costume indigène et les élèves alignés en avant, drapés dans leurs burnous, le turban serré d'une corde en port de chameau; et dans le lointain les ondulations des steppes que foula le galop des cavaliers français.

De retour en France, au jour du cinquantième anniversaire de la prise de la Smala, je fis hommage de ces photographies au duc d'Aumale. Elles l'intéressèrent très vivement en plaçant sous ses yeux un témoignage de la transformation matérielle et morale qui s'était opérée au pays de Taguine : les relations pacifiques et cordiales succédant aux ardentes mêlées, les tribus les plus réfractaires entrant dans les cadres de notre organisation politique et recherchant avec empressement l'initiation à notre culture, les Sahariens aux pieds nus apprenant à connaître et à aimer la France; la même langue, presque la même histoire, devenant commune aux conquérants et aux vaincus, et, par l'apparition de la première maison de pierre, les nomades tendant à se fixer au sol. La charge audacieuse du 16 mai 1843 avait déblayé le terrain pour un avenir

meilleur : la paix française, avec toutes ses garanties de
progrès social, s'étendait sur les landes qui virent tomber
la puissance d'Abd-el-Kader. Et ainsi, comme le disaient
les captifs de la Smala, « les décrets de Dieu ont dû s'accomplir ».

Ce brillant fait d'armes donnait au « Fils du Roi »,
pour l'éclat des services, un renom égal à celui des plus
illustres lieutenants de Bugeaud, les Changarnier, les
Lamoricière, les Bedeau. On avait pu trouver un peu
prompte la conquête de ses premiers grades et se l'expliquer par sa naissance princière ; désormais la victoire justifiait l'avancement. En juin de la même année, le nouveau
lieutenant général était chargé d'organiser la province
de Tittéri ; en septembre, il commandait la division de
Constantine : c'est ce qui l'empêcha de prendre part à la
guerre du Maroc, dans laquelle son frère le prince de Joinville assurait, à Tanger et à Mogador, la collaboration
de la flotte.

La tâche était lourde dans notre grande province de
l'Est. Le prédécesseur du duc d'Aumale dans le beylik
de Constantine, l'ancien bey turc Ahmed, tenait la campagne, soulevait les tribus du Hodna, des Zibans, de l'Aurès.
Les anciens sujets s'étaient réconciliés avec leur tyran
dans la haine commune du Roumi. En février 1844, le duc
d'Aumale réunit une colonne à Batna, passe le défilé d'El-
Kantara, l'ancienne station romaine de *Calceus Herculis*, la
« bouche du Désert », *Foum-es-Sahara* comme l'appellent
les Arabes. Il pénétra dans l'oasis de Biskra, d'où son
approche suffit pour chasser Mohammed-bel-Hadj, *khalifa*
(vicaire) d'Abd-el-Kader. Il y établit l'autorité de notre

propre *khalifa*, le chef de l'illustre famille des Ben-Gana.

Toujours suivant la trace du khalifa et du bey fugitifs, il atteint la montagne de la Joue-Rose (Ahmar-Khaddou), au seuil de l'Aurès, de ce massif montagneux qui fut, depuis le début de l'ère chrétienne, le refuge des races vaincues, Berbères, Romains, Vandales, Byzantins, aujourd'hui confondus avec les Kabyles Chaouïas. Il livre, dans le défilé de M'chounèche, les brillants combats du 12 et du 15 mars. Sauf une nouvelle leçon aux Berbères de l'Aurès, le 1er mai, c'est contre une autre tribu montagnarde, celle des Ouled-Soltane, dernière espérance du bey Ahmed, que la campagne continue. Le 8, on surprend le camp d'Ahmed, qui n'a eu que le temps de fuir, abandonnant ses tentes toutes dressées. Une fois de plus, le khalifa de l'émir est chassé de Biskra, où il a osé rentrer, et l'autorité de Ben-Gana y est rétablie. Dès lors le chemin est ouvert jusqu'aux oasis de l'extrême Sud, pour la domination sur le Sahara.

Après un voyage en France, où il fut chargé d'organiser et d'inspecter les écoles de tir, le duc d'Aumale revint en Afrique, mais cette fois pour la guerre de l'Ouest. Dans la grande chasse organisée par le maréchal Bugeaud contre la puissance errante de l'émir, le prince, qui commande les subdivisions de Médéa et Miliana, dirige une des colonnes qui doivent concourir au résultat final, celle qui opère sur le haut Chélif. Entre temps, il dompte les tribus berbères de l'Ouarensenis, « l'Œil du Monde », et achève la pacification de ce massif de montagnes (1846). Au début de l'année suivante, il appuie l'offensive du maréchal Bugeaud contre les tribus de la Grande-Kabylie.

De plus larges horizons allaient s'ouvrir devant lui. Le maréchal venait de demander son rappel. Qui allait être son successeur au gouvernement général de l'Algérie? Quatre années auparavant, dès la fin de 1843, Bugeaud écrivait au député Blanqui que ce successeur ne pouvait être que le duc d'Aumale. Très peu de temps après, dans une conversation de bivouac, il disait : « Je prise très haut les talents militaires et administratifs de mes trois lieutenants : Changarnier, Lamoricière et Bedeau. Eh bien! si j'avais à faire le choix de mon successeur au gouvernement de l'Algérie, je n'hésiterais pas à désigner le duc d'Aumale (1). »

Ce n'étaient pas seulement les brillants faits d'armes du prince qui le recommandaient au maréchal, c'étaient aussi les talents d'administrateur qu'il avait déployés en organisant le beylik de Tittéri, en créant les villes d'Aumale et de Nemours, en substituant dans la province de Constantine un régime européen de gouvernement à l'ancien régime ottoman, en se montrant préoccupé, au même degré que des opérations militaires, des problèmes de colonisation. Ce qui ajoutait à son prestige sur les indigènes, c'est qu'il était l'*Ould-el-Rey*. Cette qualité même de prince royal devait également faciliter, auprès du gouvernement de Paris et du parlement, la solution de difficultés qui avaient tenu en échec même la ténacité d'un Bugeaud. La question revint au début de 1847, quand le maréchal demanda formellement son rappel. Elle fut résolue dans le sens qu'il avait indiqué. Comme le duc d'Au-

---

(1) E. Daudet, p. 69.

male lui exprimait sa ferme intention de suivre ses traces,
Bugeaud lui répondit : « Moi, je veux que vous les élar-
gissiez. »

En octobre le prince prenait possession du gouvernement général. Il donna la dernière main à l'organisation
des administrations civiles, à celle des bureaux arabes, à
celle de l'armée d'Afrique, suivant de près les travaux pré-
paratoires de la colonisation, ébauchant l'œuvre des écoles
françaises destinées aux indigènes, l'œuvre de la conquête
par le livre après la conquête par l'épée. En tout il se
montre le plus complet des disciples de Bugeaud, « élar-
gissant » les traces de celui-ci, revenant au plan d'une
soumission définitive de la Grande-Kabylie qui devait
être tentée l'année suivante.

Comme une guerre européenne devenait alors moins
improbable, il sollicitait à Paris le commandement d'une
division sur les Alpes ou sur le Rhin, et, en attendant, il
inaugurait sa septième campagne d'Afrique.

Abd-el-Kader, vaincu et proscrit par le sultan du
Maroc, refoulé de force sur notre territoire, se préparait
à y réveiller l'insurrection, tout en cherchant à tromper la
vigilance du duc d'Aumale par des offres fallacieuses de
soumission. Celui-ci n'en fut que plus attentif. Il prescri-
vit à ses lieutenants, Lamoricière et Cavaignac, de garder
avec soin tous les passages. Il vint surveiller de près les
manœuvres. Ces précautions ne furent point inutiles, car,
dans le temps même où les frères et les derniers capi-
taines de l'émir se rendaient aux Français, Abd-el-Kader,
avec une poignée de cavaliers, essayait, dans la nuit du
21 au 22 décembre, de s'échapper par un des cols du Sud.

3

Quelques coups de fusil, illuminant les ténèbres, lui apprirent que ce passage aussi était bien gardé.

Il n'eut plus qu'à remettre son sabre à Lamoricière, et, le 23 décembre, celui-ci, dans la baraque qui servait de quartier général à la petite ville militaire de Nemours, présentait son prisonnier au duc d'Aumale.

L'émir dit au prince : « Tu devais depuis longtemps désirer ce qui arrive aujourd'hui ; l'événement s'est accompli à l'heure que Dieu avait marquée. » Quelques instants après, comme les deux chefs s'entretenaient des luttes précédentes, comme le duc demandait à l'émir des explications sur une fusillade nocturne dirigée contre le campement français après la prise de la Smala : « J'étais là en personne, répondit Abd-el-Kader ; je t'ai guetté, tâté pendant vingt-quatre heures », et il le loua de sa vigilance jamais en défaut. Le duc d'Aumale prit à son compte les conditions que Lamoricière avait acceptées du captif au moment de sa soumission. On sait que les événements firent passer à d'autres pouvoirs la responsabilité de l'inexécution de ces engagements.

Le duc avait exigé une soumission en forme, suivant le cérémonial en usage parmi les indigènes ; le lendemain de cet entretien, Abd-el-Kader, à pied, jambes nues, les pieds dans des babouches, en costume d'homme du peuple de sa tribu, amena sa dernière jument, comme « cheval de soumission » (gada), et, devant l'état-major des officiers français et des chefs indigènes ralliés à notre cause, en fit la remise au duc d'Aumale. Ainsi vient s'humilier devant un fils de Louis-Philippe l'homme de guerre et d'organisation le plus remarquable qui eût encore paru parmi les Arabes d'Afrique, le seul qui se fût montré capable de fonder sur un chaos de tribus un véritable royaume musulman, le héros, le poète et le saint qu'a célébré Victor Hugo.

Le duc d'Aumale, avec son prisonnier, s'embarqua sur le *Solon*, qui le conduisit de Nemours à Mers-el-Kébir, d'où l'émir devait se rendre sur un autre navire, à Toulon, au fort Lamalgue. Deux mois après, le duc d'Aumale s'embarquait à Alger sur ce même *Solon*, qui allait le porter à une terre d'exil. Et au fort Lamalgue on put entendre l'émir parler avec respect du prince « tombé à son tour dans le malheur ». Quelles réflexions auraient inspirées à la sagesse antique de tels rapprochements!

Un navire de France qui entra dans le port d'Alger le 27 février 1848 apportait les premières nouvelles de la révolution de Paris. Il n'y avait encore rien d'officiel, et le duc d'Aumale disait : « Je suis une sentinelle qui ne doit pas quitter sa faction avant d'en avoir été relevée régulièrement (1). » Le 2 mars, on reçut un numéro du *Moniteur* qui annonçait le bannissement de toute la famille royale.

Le duc d'Aumale avait alors auprès de lui le prince de Joinville. Ils n'eurent pas un instant l'idée qu'on pût employer à une tentative de restauration cette armée d'Afrique et cette flotte, où presque tous les officiers devaient leur première épaulette comme leurs grades les plus hauts à la monarchie de Juillet.

Le gouverneur général écrivit au ministre de la Guerre

(1) Général du Barail, *Mes Souvenirs*, t. Ier, p. 329.

de la république pour lui signaler les « besoins de la défense des côtes » et l'informer des premières concentra-
tions de forces qu'il avait cru devoir ordonner pour le
cas où la France aurait pu être engagée dans une guerre
européenne : en quatre jours quinze mille soldats d'élite
pouvaient être embarqués et portés sur un point quel-
conque de l'Italie. Après un bel éloge des troupes d'Afrique,
il ajoutait : « J'avais espéré partager leurs dangers et
combattre avec elles pour la patrie... Cet honneur m'est
enlevé; mais, du fond de l'exil, tous mes vœux seront
pour la gloire et le bonheur de l'armée. » Son ordre
du jour aux troupes, sa proclamation aux habitants civils
de l'Algérie, sont conçus dans le même esprit de noble
résignation et de sincère patriotisme. Le lendemain,
3 mars, il quittait avec son frère le sol de cette Algérie
conquise par sa famille à la France, et qu'il ne devait
plus revoir.

Pouvait-il alors supposer que la France, comme l'Algérie, lui serait si longtemps fermée, que l'épée de commandement qu'il déposait à vingt-six ans ne lui serait
rendue que lorsqu'il aurait le double de cet âge? Des cheveux blonds aux cheveux gris, ces merveilleux dons militaires que Bugeaud admirait en lui, « la décision, l'impétuosité, l'à-propos » et ce « diable dans le ventre » dont
parlait Charras, allaient rester inemployés, sans que les
espérances données par les débuts eussent pu se réaliser
dans la maturité du talent, sans que l'exilé pût se dérober
à l'obsession de cette idée qu'il n'avait pas donné toute sa
mesure et que le monde ne le connaîtrait pas tout entier.

Plus d'une fois durant le long exil, des occasions paru-

rent s'offrir, hasardeuses sans doute, plus favorables cependant que celles qu'avait essayé de saisir, à Strasbourg
et à Boulogne, un autre fils de roi.

Ce n'est point une explication suffisante que celle qui
montrerait le prince de Joinville et le duc d'Aumale comme
habitués, sous l'autorité même de leur père, à plier devant
la loi et les représentants quels qu'ils fussent de la loi,
comme s'étant, pour ainsi dire, « hiérarchisés ». Du moins
en ce qui concerne le duc d'Aumale, nous connaissons
assez son état de conscience, par tout ce qu'il a dit et
écrit, pour savoir que la raison de certaines abstentions
fut autrement haute. Derrière les pouvoirs même d'un
jour, il voyait la patrie elle-même qui commandait l'obéis-
sance. C'est son image qui s'élevait devant lui comme
Lucain la fait se dresser devant César, et il savait ce qu'on
trouve inévitablement derrière les Rubicons franchis.

Sa forte éducation classique lui avait donné de la loi,
de la patrie l'idée que s'en faisait le citoyen des temps
antiques. Plus tard, appelé à étudier l'histoire de nos
anciennes guerres civiles, à écrire la vie de princes dont
la gloire est restée obscurcie par des actes de rébellion, à
constater l'immensité des maux qui en résultèrent pour le
pays et pour eux-mêmes, il ne put jamais imaginer que la
perspective la plus brillante de gloire militaire valût d'être
rouverte au prix de telles aventures. Il entendait rester
avant tout un soldat, et un soldat loyal. C'est cette conviction profonde, manifestée par une longue et douloureuse
abnégation, qui donna plus tard une telle autorité et un
tel accent à ses paroles quand elles tombèrent, comme
le verdict même de la patrie, sur des soldats félons.

Cependant l'exil lui pesa plus qu'à tout autre, car il ne lui laissait aux mains qu'une épée brisée, quand toute l'ardeur de la jeunesse faisait encore bouillonner le sang de ses veines. L'exil! Il en parle avec une mélancolie, parfois avec une âpreté d'expression, qui font penser aux poétiques imprécations d'un autre exilé, Victor Hugo. Prince royal, il aurait compris le démocrate Danton qui, ne pouvant emporter la patrie « à la semelle de ses souliers », préféra rester, fût-ce à l'ombre de l'échafaud.

Si encore les années de paix du règne paternel s'étaient prolongées, dans une Europe militaire somnolente, pendant les années qui suivirent! Mais les guerres succédaient aux guerres. Le prince y voyait courir ses anciens compagnons d'armes, les autres disciples de Bugeaud, ces admirables soldats que lui-même avait formés et qu'il appelait autrefois « ses enfants ».

En 1855, c'était la Crimée : « Mon Dieu, écrivait-il à à un de nos généraux, que j'aimerais à en causer avec vous! car, malgré tout, je suis soldat dans l'âme. »

En 1859, c'était l'Italie, et, quoi que pût objecter à une telle guerre le gendre d'un prince de Naples, il lui échappait d'écrire : « L'idée que mon pays est lancé dans toutes les incertitudes de la guerre et que je ne puis le servir, que l'armée française se bat et que je ne suis pas avec elle, est un ver rongeur qui ne me laisse pas de repos (1). »

En 1860, c'était le Mexique, et encore que cette entreprise lui parût « injustifiable », la prise de Puebla lui mettait de la joie au cœur : « Les vœux dont nous accom-

(1) E. Daudet, le Duc d'Aumale, p. 19-20.

pagnons toujours notre drapeau ne nous empêchent pas de juger la conduite de ceux qui l'engagent (1) ».

Il ne confondait pas l'empire avec l'armée impériale, qui perpétuait les traditions de vaillance de sa propre armée d'Afrique. Il s'inquiétait seulement de prétendues réformes qui tendaient à l'affaiblir, des abus introduits par le nouveau système de remplacements; plus tard, à la tribune de l'Assemblée nationale, il fera une vigoureuse critique de ces procédés.

Quant à l'empire, quant au régime impérial, il faut bien reconnaître qu'il le détestait, pour ses origines mêmes comme pour la direction générale de sa politique. Dans tous ses écrits, il montre de l'indulgence pour nos révolutions : de la première il admire les gloires militaires ; de la seconde, il dit qu'elle fut « la plus pure » ; de la troisième, celle de 1848, on ne voit pas qu'il ait parlé trop sévèrement; mais le coup d'État de 1851, voilà ce qui ne trouve pas grâce devant lui. Pendant toute la durée de l'empire il resta un opposant, on pourrait dire un « irréconciliable ». Il s'étonnait que le peuple français eût pu supporter pendant tant d'années ce régime : « Un peuple qui a fait 89, — qui a fait 1830, — qui a fait 1848 ! ». Les premiers succès des libéraux, encore qu'ils fussent pour la plupart des républicains, lui causèrent une satisfaction qu'il ne chercha pas à dissimuler.

Pourtant, quand toutes les fautes qu'il avait critiquées portèrent leurs fruits inévitables, après Wissembourg, Reichsofen, Spicheren, les princes d'Orléans, à ce même

(1) *Ibid.*, p. 105.

gouvernement qui les avait dépouillés de leurs domaines et qui, tout récemment, venait de faire repousser par le Corps Législatif une pétition pour l'abrogation des lois d'exil, offrirent le concours de leur épée (1). Le duc d'Aumale écrivait au comte de Palikao, ministre de la Guerre : « Vous venez d'appeler tous les Français à combattre pour la défense de la patrie. Je suis Français, soldat et valide. J'ai le grade de général de division. Je demande à être employé dans l'armée active. » Des lettres analogues furent signées par le prince de Joinville et le duc de Chartres.

On ne peut que louer une telle démarche au nom de tout ce qu'il y a de généreux dans les cœurs français; mais peut-on blâmer M. Thiers de l'avoir désapprouvée, au nom de la raison d'État, quand le pays se trouvait dans une situation si délicate et dans « une passe affreuse » (2)? Au surplus, M. Thiers parlait non dans l'intérêt du régime impérial, dont la chute n'était plus qu'une question de jours, mais presque au nom du gouvernement encore anonyme qu'il devait présider sept mois plus tard, et dont l'aboutissement nécessaire était la fondation d'une République.

A ce moment l'empire était encore debout; il avait son organe officiel, le ministre de la Guerre. Le comte de Palikao, au seul aspect des lettres des princes, « fit comme un bond d'effroi en arrière ». Il n'y eut pas de réponse officielle.

Les princes eurent bien moins à en prendre sur eux

---

(1) E. Daudet, p. 163.
(2) Voir le détail des faits dans E. Daudet, p. 145.

quand ils offrirent leur épée à un gouvernement libre,
celui de la Défense nationale. Si leur offre ne put être
acceptée, du moins il leur fut donné de revoir pendant
quelques jours le sol natal, et l'un d'eux, le seul qui fût
en situation de pouvoir garder son incognito, eut la joie
de servir le pays sous un pseudonyme très transparent.

Les mois qui suivirent, les plus tristes peut-être qu'un
Français ait pu vivre, — destruction successive de toutes
nos armées, guerre civile continuant la guerre étrangère à
peine finie, — durent peser étrangement à l'inaction forcée
du duc d'Aumale. S'il lui fut enfin permis, après le rappel
des lois d'exil, de se mêler à la vie nationale, il y rentra
non par le service militaire, mais par la porte des élections
et du parlement. Il se trouvait plutôt mal à l'aise dans la
politique proprement dite. Il devait se rappeler Condé, qui,
passant des camps à la ville, « sur ce terrain mouvant de
Paris », ne « rencontra partout que portes fermées, em-
bûches et perfidies » (1).

Le seul grand discours qu'il ait prononcé à la tribune
de l'Assemblée nationale, ce fut celui du 28 mai 1872 sur
la réorganisation de l'armée; il s'y prononçait pour le
service militaire universel et, en principe, pour l'incor-
poration du contingent annuel en totalité; mais il admet-
tait qu'on laissât au pouvoir exécutif le droit d'apporter à
ce principe les tempéraments commandés par notre état
social et par la situation des finances.

Après les malheurs qui avaient décimé notre état-major,
il se retrouvait le doyen des généraux de division. C'était

___

(1) *Histoire des princes de Condé*, t. VI, p. 233 et p. 250.

donc à lui que revenait la charge dè présider le conseil
de guerre devant lequel allait comparaître le maréchal
Bazaine. Il fit tous ses efforts pour décliner un rôle aussi
en vue, mais qui lui semblait constituer une triste rentrée
dans le service actif. L'Assemblée nationale discutait un
projet de loi relatif à la juridiction et à la composition
des conseils de guerre. Un amendement tendant à exclure
de ces conseils les militaires qui seraient membres de
l'Assemblée nationale était sur le point d'être voté. Un
revirement se fit tout à coup dans une des fractions les
plus importantes de la Chambre, et qui n'était pas la fraction républicaine. Un mot d'ordre y circula. L'amendement fut repoussé (1). Le prince n'avait plus qu'à se résigner.

M. Thiers fit tomber non pas ses derniers scrupules, —
car pour le prince le devoir avait parlé clairement, — mais
de légitimes répugnances, en lui confiant, avant la présidence du procès, le commandement du 7ᵉ corps d'armée.
C'était en même temps accroître l'autorité du futur président du conseil de guerre. Pendant quelques mois, le temps
du duc d'Aumale se partagea entre la mise en défense du
territoire de son commandement et l'étude de cette complexe et redoutable cause célèbre.

Pour éclairer sa conscience, il avait prié le gouvernement français de lui obtenir des Allemands l'autorisation
d'étudier sur le terrain même les sanglantes batailles de
Metz. La demande fut introduite par le ministre des Affaires
étrangères avec toute la discrétion possible : elle vint se
heurter à un refus des plus formels, à peine courtois. Le

---

(1) Voir dans E. Daudet, p. 281, le détail des combinaisons politiques.

commandant du 7ᵉ corps dut se faire une conviction en s'aidant de cartes topographiques. Quand on parcourt les procès-verbaux des cinquante et une audiences qui, du 6 octobre au 21 décembre 1873, se succédèrent au château de Trianon, on est frappé de la somme énorme de travail que représentent le choix et le classement des questions qu'il fallait poser non seulement à l'accusé, mais à des centaines de témoins de tout grade et de toute condition, maréchaux de France ou gardes forestiers. Non, le duc d'Aumale, en prenant la présidence du conseil de guerre, ne devait pas, comme l'avaient espéré certains de ses adversaires politiques, « s'y couler ». Au contraire, tous furent contraints d'admirer cette science profonde de la guerre, acquise par de nombreux voyages d'étude sur les champs de bataille fameux et par une glorieuse expérience personnelle, surtout ce sentiment si clair et si élevé de ce qu'est le devoir militaire, de ce qu'est l'honneur national, de ce qu'est la France : « Il y avait toujours la France ! »

L'épisode des drapeaux livrés à l'ennemi lui arracha ces paroles d'une sévérité indignée : « Je n'ai pas besoin de rappeler à un soldat tel que vous ce qu'est le drapeau pour l'armée française ; je n'ai pas besoin de vous rappeler que nulle armée n'a jamais plus vaillamment défendu ses drapeaux ; que celle que vous aviez l'honneur de commander a livré des batailles sanglantes et qu'elle n'en avait pas perdu un seul (1). »

---

(1) *Procès Bazaine*, seul compte rendu sténographique *in extenso* des séances, p. 201 (séance du 18 octobre 1873). Paris, librairie du *Moniteur universel*, décembre 1873.

Le prince avait maintenant la liberté d'occuper son poste de commandant du 7ᵉ corps, dont le général de Maussion avait fait l'intérim. Pendant six ans il allait prouver, comme il le dit le jour de son entrée à Besançon, que les clefs de la France étaient « bien placées entre ses mains ». Dès le lendemain de son arrivée, il faisait autour de la place une chevauchée de quarante kilomètres pour s'en faire expliquer le système défensif. Il parcourut ensuite toute l'étendue de son commandement, visitant avec soin toutes les positions, donnant partout des ordres précis, entourant Besançon d'une ceinture de forts détachés dont quelques-uns sont posés comme des nids d'aigle, faisant de Belfort comme un grand camp retranché, transformant Langres en un puissant instrument d'offensive, dressant une batterie au ballon de Servance pour relier les forts des Vosges à ceux du Jura, étudiant l'emploi des chemins de fer au point de vue militaire, accumulant partout les vivres et les munitions. Comme il mettait sa confiance bien plus dans la vigueur des soldats que dans les fortifications, il s'appliquait à dresser et entraîner les troupes, entrant dans le dernier détail de l'habillement, de l'équipement, de la chaussure, passant des journées entières en selle à diriger des manœuvres, inspectant au galop ses lignes de bataille. Le 7ᵉ corps put bientôt rivaliser avec le fameux 6ᵉ, et ce prince de sang royal disait parfois : « Allons ! nous allons retrouver les soldats de 1796 ! »

Quand survint l'alerte de 1875, le duc d'Aumale était prêt à entrer en ligne. Il fit appeler M. de Vezet, ancien colonel des mobiles du Doubs, et lui dit :

« Nous pouvons être envahis dans les vingt-quatre

heures. Pouvez-vous reformer vos anciens cadres de la mobile? Je vous donnerai 3000 hommes, des képis, des souliers et des fusils. Mais je ne puis vous donner, pour le moment, aucune espèce d'uniformes. Vous aurez à défendre les passages du Lomont, que vous connaissez bien, pour les avoir défendus avec succès pendant la guerre (1). »

Toutefois il sentait combien la lutte était encore inégale; pour la conjurer, il mit ses relations princières au service de la diplomatie de son pays. Il eut une correspondance suivie avec le duc Decazes, ministre des Affaires étrangères, se fit donner des instructions précises, écrivit à la reine d'Angleterre, afin que la Grande-Bretagne joignît ses efforts à ceux du tsar Alexandre pour peser sur l'empereur d'Allemagne et déjouer l'intrigue belliqueuse de Bismarck.

A l'autre bout de la France, dans ce département de l'Oise qui l'avait envoyé siéger à l'Assemblée nationale et où il présidait le Conseil général, le duc d'Aumale recueillait les mêmes témoignages de sympathie que dans les territoires de son commandement. En ouvrant la session d'avril 1873, il adressait à ses collègues du conseil une allocution où je relève ce passage :

« La complète libération du territoire est prochaine et assurée... Lorsqu'il s'agit d'un événement aussi considérable qui intéresse à ce point tous les Français, lorsqu'il n'y a à prononcer que le mot *Patrie*... il m'a semblé que je ne pouvais ouvrir la session de ce conseil sans exprimer le sentiment qui est dans tous les cœurs, sentiment de sou-

---

(1) Communiqué par M. le colonel de Vezet.

lagement en pensant à nos compatriotes qui seront bientôt
délivrés de l'occupation étrangère, et sentiment de grati-
tude envers le Président de la République, qui, avec le
patriotique concours de l'Assemblée nationale, a si habi-
lement et si rapidement mené à fin ces difficiles négo-
ciations (1). »

Constamment réélu président du conseil général tant
qu'il y siégea, il dirigeait ses délibérations avec cette
ponctualité dans l'accomplissement d'un devoir, avec
cette haute distinction qu'il apportait à toutes les
tâches de la vie civile ou militaire, avec une dignité
et surtout une impartialité auxquelles même ses adversaires des premiers scrutins ont rendu un éclatant
hommage (2).

Il a dit un jour : « J'eusse pu arriver au pouvoir quand
M. Thiers a donné sa démission. Ce n'est pas à nous à
mettre la main sur le pouvoir(3). » Il estimait seulement
que les d'Orléans devaient se tenir prêts à servir le pays
« aussi bien sous la république que sous la monarchie ».
Une seconde fois l'occasion s'offrit, en mai 1873, lors de
la démission définitive de M. Thiers ; le duc d'Aumale
éloigna une partie de ses électeurs possibles dans l'assemblée parce qu'il entendait « être une transaction mais non

(1) Comptes rendus du conseil général de l'Oise. Session d'avril 1873.
(2) Un de ses collègues au Conseil général, sénateur, me disait naguère
que les orateurs républicains, dans cette assemblée assez divisée, se sen-
taient plus assurés de la liberté de leur parole quand le duc d'Aumale présidait que lorsque le fauteuil était occupé même par un des leurs.
(3) La première démission, 20 janvier 1872. — Voir E. Daudet,
p. 254.

une transition (1) ». Au reste il avait hâte de se consacrer tout entier à ses fonctions de général, de se retrouver « à la gueule du loup », parmi les troupes et les forteresses de la frontière.

Quelques années après, Gambetta, s'entretenant avec le général Gresley, ministre de la Guerre, lui demanda : « Quel est le général que vous croyez le plus apte à commander l'armée française si nous sommes attaqués par l'Allemagne? — Le duc d'Aumale. — Alors c'est lui qui, en cas de guerre, tiendra la queue de la poêle (2) ».

En 1880, le prince fut relevé de son commandement dans l'Est, nommé à un emploi qui paraissait supérieur, celui d'inspecteur d'armée, et à ce titre il fit une tournée d'ensemble dans les places de trois de nos frontières.

En 1883, se produisit un incident qui est encore dans toutes les mémoires. Pour une sortie politique commise par un prince, mais par un prince d'une autre dynastie et contre lequel il avait autrefois dirigé une vigoureuse polémique, le duc d'Aumale fut frappé d'un décret qui le mettait « en non-activité par retrait d'emploi ».

Du moins il conservait son grade, son rang sur les états de l'armée française, le droit de porter l'uniforme et de ceindre l'épée. Un nouvel incident, dont il n'était pas davantage responsable, amena sa radiation, puis son départ pour un nouvel exil. Presque aussitôt, même dans les conseils du gouvernement, se manifestèrent des disposi-

(1) E. Daudet, p. 264.
(2) Conversation rapportée par feu le général Gresley à M. le colonel de Vezet. Elle dut avoir lieu dans le courant de 1879, ce général étant alors ministre de la Guerre (troisième cabinet Dufaure et cabinet Waddington).

tions qui ne permettaient pas de croire que son absence
pût durer bien longtemps; mais à chaque tentative pour
rapporter une mesure que tout le monde trouvait exces-
sive à l'égard du « doyen de l'état-major général, ayant
rempli, en paix comme en guerre, les plus hautes fonctions qu'un soldat puisse exercer », quelque accident banal
de la vie parlementaire venait se jeter à la traverse. Ce fut
seulement après trois années que la patrie se rouvrit
devant lui.

Cette dernière cruauté de la politique envers un homme
qui s'en était tenu éloigné le plus possible, nous n'en voulons
parler que parce qu'elle nous permet de rappeler des faits
qui honorent grandement le prince et le corps de l'Institut dont il était membre. Il lui appartenait déjà à un
double titre, par l'Académie française depuis 1873, par
celle des Beaux-Arts depuis 1880. En 1883, il avait signé
le testament par lequel il faisait à l'Institut, ou plutôt à
la France même, ce don royal de Chantilly. C'est le jour
même où le second exil lui fut signifié que, loin de penser à
revenir sur cet acte, il ajouta au testament de 1884 un codi-
cille qui le confirmait. Peu de jours après il transformait le
legs en une donation entre vifs.

L'Institut, pour mieux rattacher à la France celui
que les circonstances en tenaient éloigné, lui destina un
troisième siège, le premier qui vint à vaquer dans son
Académie des Sciences morales et politiques. Il avait déjà
eu en vous, Messieurs, des défenseurs ardents, tenaces,
éloquents.

Dès février 1889, voici comment notre regretté confrère
M. Bardoux terminait une belle étude sur le duc d'Au-

male : « Ne se trouvera-t-il donc pas, sous la république que nous voulons grande et forte, respectée et supérieure aux vues étroites des partis, un ministre patriote qui ouvre la porte à ce Français sans tache, à ce vieux soldat de soixante-huit ans, sans peur et sans reproche (1). »

Le 6 mars, le duc d'Aumale rentrait en France ; le 30, vous faisiez l'élection dès longtemps préparée. Sa première visite avait été pour le président Carnot ; la seconde pour l'Académie française, où un des membres de cette compagnie, qui appartenait aussi à la vôtre, donna, dans les termes les plus dignes des deux académies, la bienvenue à celui qui était « le dernier Français que dussent atteindre les lois d'exil, lui qui avait toujours si noblement et si correctement obéi aux lois du pays dans les circonstances les plus difficiles (2) ».

Le second exil, bien qu'il n'ait duré que trois années, fut pour le prince, après tant d'autres épreuves, presque aussi dur que l'exil de vingt-trois ans. Quand il s'était retrouvé à Bruxelles, ces paroles lui échappèrent : « Il me semble que je rentre dans ma cage. » La cage, c'était le monde entier moins la France.

Entre le président Carnot et le duc d'Aumale s'étaient établis des rapports de sympathie et presque une amitié dont ils étaient dignes l'un et l'autre. C'est à ce moment que le prince accepta la présidence de la Société de secours aux blessés militaires. Il inaugura ses fonctions par

---

(1) *Revue politique et littéraire* du 23 février 1889. J'étais alors directeur de cette Revue.
(2) Allocution de Jules Simon ; séance du 12 mars 1889.

5

un éloquent éloge de son prédécesseur au fauteuil, le
maréchal de Mac Mahon, récemment décédé.

Sa bonté de nature le fit compatir au sort des chefs
algériens qui avaient été déportés après l'insurrection
de 1871. Il y avait parmi eux le frère de ce Mokrani qui
avait commencé, presque malgré lui, la guerre musul-
mane, qui l'avait conduite avec loyauté et humanité, et
qui, dès le premier engagement, celui de l'Oued-Souffla
ou de Dra-bel-Khéroub (1), fut tué d'une balle entre les
deux yeux. Ce Mokrani de 1871; héritier d'une longue
suite de véritables souverains, vassal puissant de la France,
fidèle jusqu'à la suprême prise d'armes, mais qui n'avait
pu faire ménage avec le régime de bureaucratie égalitaire
que la révolution de 1870 avait introduite en Algérie (2),
devait intéresser à plus d'un titre le duc d'Aumale. Notre
« chevaleresque adversaire (3) » lui rappelait les princes
royaux d'autrefois jetés par la fatalité historique dans la
rébellion contre la centralisation royale. Il lui rappelait
peut-être aussi les antinomies politiques et sociales dont
lui-même avait tant souffert, et la sympathie qu'il éprou-
vait pour la mémoire du vaincu de Dra-bel-Khéroub l'in-
clina sans doute à la pitié envers son frère, Bou-Mezrag,
captif à la Nouvelle-Calédonie.

Quand la mort l'eut frappé au Zucco et que son cercueil

---

(1) « Le bras du chérubin » ; — *dra*, ou « bras », désigne toujours une
crête allongée.
(2) Parole de l'amiral de Gueydon, lors de l'enquête sur l'insurrection.
(3) Voir le commandant L. Rinn, *Histoire de l'Insurrection de* 1871,
Alger, 1891. — Alfred Rambaud, *l'Insurrection algérienne de* 1871, *étude
sociale et religieuse*. Paris, 1891.

revint en France, personne n'eut l'idée qu'on pût contes-
ter au vainqueur d'Abd-el-Kader, à l'organisateur de
l'Algérie, à l'ancien commandant du 7ᵉ corps, les honneurs
militaires dus à un général en chef de l'armée française,
mort dans le plein exercice de ses fonctions. On leur donna
même une ampleur exceptionnelle. En présence de tout
le gouvernement républicain, de toutes les autorités civiles
et militaires, de l'Institut au grand complet et de tout ce
que le pays comptait d'illustrations, l'armée de Paris, avec
ses drapeaux et son artillerie, au son des marches guerrières
de la France, défila en présentant les armes au héros décédé.

II

L'œuvre littéraire du duc d'Aumale est considérable ;
encore nous en manque-t-il, pour l'instant, la partie où
l'empreinte personnelle doit être le plus marquée : le Jour-
nal de sa vie et sa Correspondance.

Ce que nous possédons actuellement de cette œuvre
présente une certaine variété, car aucune des nobles cu-
riosités de l'esprit ne fut étrangère à ce prince.

Il aimait passionnément les beaux-arts, et s'il se révéla
un artiste en restaurant le château de Chantilly, en y
formant par une si judicieuse sélection les collections de
chefs-d'œuvre qui appartiennent aujourd'hui à la France,
il sut aussi écrire sur l'art avec compétence et distinction :
ainsi dans son éloge académique de M. de Cardaillac.

Comme il a toujours rempli en conscience ses obligations de membre de l'Institut, vous l'avez entendu lire deux discours à l'Académie française et une notice sur son prédécesseur à notre Académie. Ici même il vous donna lecture, le 18 mars 1897, d'une très intéressante étude sur les papiers du roi Louis-Philippe et sur l'exercice que ce prince faisait du droit de grâce : c'est un monument non seulement de piété filiale, mais d'esprit juridique, d'équité scrupuleuse et d'humanité.

Amoureux de beaux livres et de belles reliures, érudit en ce domaine, il a laissé des notes précieuses sur *Deux petites bibliothèques françaises du XV* siècle*.

Il fut toujours un fervent de notre histoire ; et, tout d'abord, n'est-ce pas une page de cette histoire, une page militaire, artistique, monumentale, une page en relief de la vie d'autrefois, au temps des Montmorency et des Condé, qu'il a voulu, après y avoir mis la dernière main, laisser intacte à la France quand il vous légua Chantilly ? Cette histoire de l'ancienne France, combien de fois y est-il revenu ! A diverses époques, il publia : *l'Information contre Isabelle de Limeuil*, les *Notes et Documents sur Jean le Bon*, l'*Inventaire des meubles de Mazarin*.

L'indignation, qui fait quelquefois les poètes, fit un jour du duc d'Aumale un polémiste : souvenez-vous de sa *Lettre sur l'histoire de France*, et, dans une note plus apaisée, de sa critique sur la lettre de Napoléon III à propos de *la Question algérienne*.

Quant à ses autres publications, il existe entre elles un lien étroit ; elles ont toutes une dominante commune ; elles sont celles qu'on pouvait attendre du « soldat dans l'âme » qu'il était. Par elles, il prend place parmi ces grands écrivains militaires qu'il étudia si passionnément.

Au moment de la guerre de Crimée, frémissant de son inaction tandis que ses anciens camarades, ses anciens soldats livraient des batailles et donnaient des assauts, il écrivit le livre sur *les Zouaves et les Chasseurs à pied*. Il les connaissait bien, car c'est sous le règne paternel et sous ses yeux, que fut créée, presque en même temps que la légion étrangère et les tirailleurs algériens, cette infanterie française qui porte un nom kabyle et un costume à la mode orientale; c'est dans la même période que, parallèlement aux transformations de l'arme de guerre, se constituait cette autre infanterie de France, à l'uniforme élégant et sévère et qui manœuvrait au pas gymnastique. Toutes ces troupes d'élite, ce merveilleux instrument de guerre que lui-même a contribué à forger, avec quelle passion il suit leurs exploits sous d'autres chefs, souhaitant de tout son cœur de soldat que les « drapeaux qui flottèrent sur la brèche de Constantine soient enfin plantés sur les murs de Sébastopol (1) ».

Alésia, étude sur la septième campagne de César (2), qui parut quatre ans plus tard, nous ramène à des guerres bien plus anciennes. A certains moments, l'ouvrage n'est qu'une controverse sur une question d'archéologie. Mais comment l'auteur aurait-il échappé à la conscience des similitudes entre la conquête de la vieille Gaule, si redoutable par sa vaillance mais affaiblie par sa division en peuplades, et la conquête de l'Algérie morcelée en tribus :

---

(1) *Les Zouaves et les Chasseurs d'Afrique* : *les Zouaves*, à la fin.
(2) Dans la *Revue des Deux Mondes*, 1ᵉʳ mai 1858 ; et, Paris, M. Lévy, 1859.

car l'Algérie succomba, comme la Gaule, sous l'effort discipliné de légions régulières ; et en racontant la capture de Vercingétorix par César, comment ne se serait-il pas souvenu de cet autre héros de l'indépendance qui, un jour, lui fut amené à son campement de Nemours par le général Lamoricière ?

En 1867, c'est-à-dire au moment où il lui sembla que l'empire désorganisait la belle armée que Louis-Philippe avait léguée à la France, le duc d'Aumale publia son étude sur les *Institutions militaires*. Elle comprend trois parties : *Louvois*, c'est-à-dire la formation de l'ancienne armée royale, celle de Steinkerque et de Fontenoy ; *Carnot*, c'est-à-dire la constitution de l'armée de la Révolution, qui fut aussi celle de Napoléon ; *Gouvion-Saint-Cyr*, c'est-à-dire l'armée de la loi de 1832, celle qui devait conquérir l'Algérie, prendre Sébastopol, affranchir l'Italie.

Dans les tristesses de l'heure présente, quand certains osent parler d'incompatibilité entre le progrès de la démocratie et la puissance militaire, n'est-il pas réconfortant de relire la conclusion de ce beau livre ? « La liberté double la puissance des institutions militaires, elle en règle et modère l'usage ; elle n'a rien à en redouter tant que les peuples n'abdiquent pas leurs droits ; sa garantie est dans la force de l'opinion, non dans la faiblesse de la milice. »

En 1869, paraissent les *Souvenirs de Voyage*, non pas flânerie de touriste, ni promenades mélancoliques d'un banni autour des frontières de la patrie, mais études militaires sur le terrain, l'auteur se retrouvant presque en France, car il est au cœur de cette histoire guerrière où tout lui parle de la France.

Sur le Rhin inférieur, c'est le Tolhuis, c'est le passage du fleuve par Louis XIV, et le duc d'Aumale peut marquer la place où un prince de sa famille fut tué et un autre blessé (1).

Dans la région du Rhin moyen, c'est Mayence, où Kléber arrêta si longtemps l'armée prussienne, et qu'il ne rendit que par une glorieuse capitulation; c'est la vieille forteresse que les républicains de 93 reprirent sur les Autrichiens au cri de « Landau ou la mort! »; c'est Fribourg, où Condé et Turenne donnèrent ensemble l'assaut aux retranchements bavarois; c'est Sassbach, où le « maréchal général » fut, en préparant la victoire, abattu d'un coup de canon.

Sur le Rhin supérieur, c'est Strasbourg, dont le pont vit tant de fois passer les armées en route sur Berlin ou sur Vienne; Huningue, où les derniers soldats de l'empire prolongèrent leur résistance même après sa chute; Zurich, où Masséna remporta sur les armées russes les victoires qui allaient briser la deuxième coalition.

A travers tous ces champs de bataille, le duc d'Aumale médite sur les exploits de ses aînés, sur les batailles que, le jour où son épée lui sera rendue, il aura peut-être à livrer; et partout il a le sentiment profond de la solidarité qui unit, contre les menaces de l'étranger, les armées d'autrefois à celles d'aujourd'hui; il se complaît à suivre en imagination, soldat enthousiaste et toujours fidèle, Condé ou Turenne, Kléber ou Marceau, Hoche ou Napoléon.

_____

(1) Le duc de Longueville tué; le grand Condé blessé.

Que des temps anciens aux temps présents les couleurs
du drapeau se soient modifiées, c'est toujours le drapeau.
Mais c'était autour du drapeau des guerres d'Afrique, de
Crimée, d'Italie, qu'il conviait tous les Français à suivre
l'exemple des soldats de la belle époque républicaine, « en-
flammés des sentiments patriotiques les plus purs », et à se
montrer, eux aussi, « de braves soldats, de bons citoyens,
des serviteurs désintéressés de la France et de la liberté (1) ». Pouvait-il se douter, en 1869, que la dernière fois
que le drapeau se déploierait du côté du Rhin, ce ne serait
pas en de triomphales entrées qu'il paraîtrait dans la capitale de l'ennemi ?

Arrivons à son œuvre principale, celle dont il avait eu
l'idée première dès la fin de 1848, qui l'a occupé pendant
les jours de la mauvaise et de la bonne fortune, qui l'a
consolé en ses épreuves, qui a gagné en maturité avec lui-
même et qui, toute pacifique, tout étrangère aux luttes
politiques de notre temps, a subi cependant le contre-
coup de ces luttes et aux pages de laquelle il a fait parfois
confidence de ses indignations ou de ses souffrances.

Le premier volume aurait dû paraître en 1863; il n'a vu
le jour qu'en 1869. Frappé d'une saisie que rien dans ces
récits du XVIᵉ siècle ne justifiait, mais qui fut peut-
être une réponse à la *Lettre sur l'histoire de France*, et qui

(1) *Souvenirs de Voyage : Visite à quelques champs de bataille de la vallée
du Rhin, 1869;* p. VII. Voir aussi, p. 151, sur Hoche et Marceau : « Parmi
les héros de ce temps, ne faut-il pas regarder comme les plus heureux ceux
qui, toujours en présence de l'ennemi, n'eurent sous les yeux que le côté
de la Révolution qui brille d'un éclat sans tache, et ne virent pas *ce qui
suivit?* »

visait le nom même et la personne de l'auteur, l'ouvrage
dormit pendant six années sous les clefs du séquestre,
jusqu'au moment où une décision (ou plutôt un conseil)
de justice lui permit de revoir la lumière. L'auteur, dans
la préface qu'il ajouta au premier volume, fait à peine
allusion aux causes qui l'avaient obligé à placer sous les
yeux d'un public, peut-être déjà « désheuré », des pages
peut-être « jaunies par le temps ».

Dans le troisième volume, qui inaugura la reprise de
l'ouvrage, rien ne ferait supposer que dix-sept années
pleines de vicissitudes venaient encore de s'écouler. C'est
seulement dans la préface du cinquième volume, celui
dont l'apparition suivit de près le second bannissement,
que l'âme de l'écrivain s'épanche en une parole d'indignation, aussitôt suivie d'une éloquente profession des prin-
cipes qui dirigèrent sa vie entière : « Je continue ce livre
comme je l'ai commencé, aux mêmes lieux, dans la dis-
grâce et sous le poids d'un exil que je crois immérité. »
Et, — précisément il en était au récit de la rébellion de son
héros, — il faisait cette imposante déclaration : « Nul
n'a le droit de troubler sa patrie, de la déchirer, d'y porter la guerre pour venger une offense personnelle. » Il
montrait Condé, quelque légitimes qu'aient pu être ses
griefs contre le gouvernement de Mazarin, forcé par le
cri de sa conscience à prononcer sa propre condamnation.

L'*Histoire des princes de Condé* fut écrite en grande
partie d'après les archives que l'héritage de ces princes
avait mises à la disposition du duc d'Aumale. Elle fut
écrite en grande partie dans la demeure qu'ils avaient
habitée, qu'ils avaient créée et agrandie peu à peu, où

6

tout parlait encore d'eux; dans le décor royal de ces eaux
et de cette forêt qui avaient réjoui leurs yeux et dont le
plus grand orateur du XVIIᵉ siècle a donné une si magnifique description. De même que le duc d'Aumale, revoyant
leurs plans d'architecture, s'inspirant de leurs vues artis-
tiques, avait en quelque sorte achevé leur œuvre monumentale, il voulut, de la poussière de leurs archives, faire
sortir vivantes leur image et leur histoire.

Il a consacré un peu moins de trois volumes aux premiers princes de Condé, ébauches encore imparfaites et
incomplètes de la splendide médaille, frappée en traits si
vigoureux par la nature et qui fut le grand Condé.

Si, envers les trois premiers princes de cette maison,
le duc d'Aumale accomplit surtout un devoir pieux d'héritier, on saisit dans cette *Histoire* comme un lever de
soleil et comme un frémissement dès les premières pages
où entre en scène le futur vainqueur de Rocroi. Pour l'auteur lui-même commence vraiment le grand intérêt de son
œuvre.

Il se sent infiniment plus proche de celui-là que des
autres, et la chronologie n'y est pour rien. C'est dans le
Chantilly du grand Condé qu'a vécu le duc d'Aumale, et
en poursuivant la restauration du château, c'est son plan
qu'il entend dégager et compléter, faisant justice des con-
structions ultérieures où se marquait une défaillance du
sens artistique. Ces galeries de tableaux, ces collections
de médailles et d'œuvres d'art, cette bibliothèque, que le
duc d'Aumale a tant enrichies, c'est surtout le grand Condé
qui les a formées, et c'est d'après son goût qu'elles furent
continuées, car il ne se plaindrait pas, s'il pouvait revivre,

de voir s'ajouter à ses armes, à ses drapeaux, à ses trophées, les drapeaux de la première République et les armes
des campagnes africaines. C'est l'ombre du grand Condé,
effaçant les ombres plus pâles des ancêtres, qui hante ces
grandes salles, est partout présente aux côtés de son historien, anime d'un souffle d'épopée les pages de son
œuvre.

Quand on vient de passer en revue les faits d'armes du
duc, ses créations militaires, même les vicissitudes de son
existence traversée par tant d'épreuves, on a parfois l'illu-
sion que c'est cette même histoire qu'on relit dans celle du
prince de Condé. Il se fait dans l'esprit du lecteur comme
une confusion des exploits et des infortunes de l'un et de
l'autre, et comme une superposition de deux images
héroïques. Tant les similitudes et les analogies sont fré-
quentes!

Cela commence avec leurs années d'enfance pour se
continuer jusqu'à la fin de leur vie. Le duc d'Enghien
au collège des jésuites de Bourges, comme le duc d'Aumale au collège Henri IV, reçoivent une éducation ana-
logue, si l'on tient compte de la différence des temps et
des méthodes d'enseignement, et commandée par des
nécessités communes : tous deux furent « astreints aux
mêmes exercices que leurs condisciples, suivant les leçons
des mêmes régents », nourris également dans la « langue
mâle et nerveuse » des anciens dominateurs du monde (1).
Leurs études classiques ne sont pas encore finies que déjà
elles doivent alterner avec les études pratiques d'art mili-

(1) *Histoire des princes de Condé*, t. III, p. 319-320.

laire. On essaye également de les tenir en lisière dès leurs
premiers pas dans la vraie guerre, mais le même élan de
fougue généreuse, le même désir de gagner leurs éperons,
« en vrais cadets de Gascogne », les jettent au plus épais
de la mêlée. Est-ce ses propres impressions à l'Affroun
et à la Mouzaïa, ou bien celles de son héros à ses débuts
devant Arras que nous traduit le duc d'Aumale quand il
le montre « tout plein de cette joie qui inonde un jeune
cœur le jour de la première entrée en campagne (1)? »

Ailleurs il écrit : « M. le Prince fait son déploiement en
marchant ; il veut pousser l'ennemi sans lui laisser le temps
de souffler, sans attendre ce complément d'infanterie qui
ne peut arriver avant le soir (2). » Est-ce de la bataille de
Seneffe qu'il s'agit ici, ou bien de la charge sur la Smala?

Quand il décrit la société qui animait le Chantilly du
XVIIe siècle, quand il énumère les guerriers illustres, les
orateurs, les poètes, les savants, les artistes, dans la conversation desquels se plaisait le grand Condé, il semble
qu'il n'y ait que les noms à changer pour retrouver le
Chantilly de naguère, avec le même empressement des
visiteurs, la même courtoisie et parfois la même camara-
derie intellectuelle dans l'accueil du châtelain.

Si l'historien est obligé de nous montrer Condé ressaisi
à tout moment par ces maladies qui ne le voulurent
jamais quitter, tantôt par un accès des fièvres gagnées
dans les marais du Nord, tantôt par l'action corrodante

---

(1) *Id.*, *ibid.*, p. 430. Voir aussi p. 433 : « Et surtout il s'en donne dans
les mêlées. »

(2) *Ibid.*, t. VII, p. 517.

des rhumatismes ou de la goutte qui lui rendaient si péni-
ble l'ascension du grand escalier royal ou qui lui tordaient
les doigts, et toujours supportant d'un courage égal toutes
ces misères, comment pouvait-il éviter un retour sur les
siennes propres et ne pas éprouver pour celles de son
glorieux devancier une sympathie presque fraternelle? Le
ton du récit s'assombrit quand l'historien nous raconte
tant de deuils qui attristèrent la vie de Condé, décimant
sa famille, menaçant la perpétuité même de sa race :
pouvait-il ne point penser alors à ses propres infortunes,
plus tragiques encore? La vie de Condé fut abrégée par
les inquiétudes que lui donna la terrible maladie de sa nièce
la duchesse de Bourbon : nous savons de quelle effroyable
catastrophe, la nouvelle, volant de Paris au Zucco, porta
le dernier coup à la santé chancelante du duc d'Aumale.

Et si on veut bien se reporter aux fréquents exils et
emprisonnements qui frappèrent tous les Condé, la longue
inaction dont Louis XIV, dans les plus belles années de
« M. le Prince », le punit de ses anciennes rébellions, la
méfiance dont il le suivit quand il lui confia de nouveau
le commandement, les ordres et contre-ordres dont les
ministres du roi l'enchaînèrent et le paralysèrent, le peu
de cas qu'ils firent de ses recommandations en faveur de
ses meilleurs officiers, tout ce qu'ils firent pour entraver
et briser son essor, n'est-il pas permis d'estimer que les
siècles de monarchie ne furent guère plus cléments que
celui-ci aux princes de sang royal?

Entre le héros et son historien il y a des parités frap-
pantes d'énergies natives contrariées par les hommes et les
choses, d'ardentes et souvent heureuses aspirations vers la

gloire, de bel équilibre dans les dons d'organisateur et de guerrier, de goût éclairé pour les lettres et les arts, et aussi de douloureuses épreuves. Entre eux subsiste cependant la différence que deux siècles ont pu apporter au perfectionnement de l'homme intime dans une élite sociale, c'est-à-dire plus de liberté d'esprit, plus de douceur dans le caractère, un christianisme vraiment chrétien, le sentiment ému de la solidarité humaine. Bossuet a fait un grand éloge de l'humanité de Condé : certes l'éloge n'avait rien de superflu, car l'histoire n'est pas toujours d'accord avec le panégyrique; or à peine si l'on pense à louer la bonté autrement exquise et toujours égale de son arrière-neveu.

Peut-être aussi, — et il convient de signaler encore ici une influence heureuse de notre siècle, — l'éducation première du duc d'Aumale s'était faite dans un milieu de tendresse maternelle et paternelle qui fit absolument défaut au Grand Condé. « Durement élevé, il manqua de douceur (1). »

La personnalité du duc d'Aumale n'est pas absente de ces pages d'histoire qui sont d'une si belle tenue d'impartialité. A chaque pas, on en rencontre qui n'ont pu être écrites que par un homme qui a vécu d'une vie princière, c'est-à-dire plus complexe et plus militante que celle de l'écrivain de cabinet, avec une vue plus pénétrante des choses et des hommes, une expérience plus entière, peut-être plus chèrement payée, de ce qu'on peut en attendre;

---

(1) Jules Lemaître, *les Contemporains, Études et Portraits littéraires.* Lecène, 1888.

et d'autres qui n'ont pu être tracées que par un homme qui a vu la guerre autrement que dans les livres, qui a senti frémir sous sa main des régiments, qui a chargé en tête des cavaleries et dont le cœur a été par moment le cœur d'une armée. « Dès qu'on prenait le parti de combattre, il fallait le faire tout de suite (1). » On sent, dans ces simples lignes, une autre autorité que celle que peut s'arroger l'historien le mieux documenté. Ou encore : « Comme tous ceux qui se gardent bien, Condé cherchait à garder l'ennemi (2). » N'est-ce pas le même éloge qu'Abd-el-Kader adressait au duc d'Aumale ?

Combien de fois, à propos du vainqueur des Espagnols, c'est l'ancien « Africain » qui, sans penser à se mettre en scène, fait appel à sa propre expérience militaire ! Son rôle d'organisateur de la défense nationale sur notre frontière de l'Est lui fait mieux comprendre Condé organisant la défense de la Bourgogne, préparant l'invasion de la Hollande ou de la Franche-Comté, faisant de bataillons épars et de recrues à peine dégrossies une armée prête à combattre. A Lens, quand l'infanterie de France, encore si imparfaitement armée, parce que le piquier et le mousquetaire ne sont pas encore l'équivalent du soldat qui dispose à la fois du fusil et de la baïonnette, fait cependant la preuve qu'elle peut tenir contre la cavalerie et devenir à son tour la reine des batailles, l'historien des *Zouaves et Chasseurs à pied* apparaît un moment : « Et l'infanterie de France, la ligne, — pourquoi ne pas l'appeler déjà de

---

(1) *Histoire des princes de Condé*, t. VII, p. 517 : Seneffe.
(2) *Ibid., ibid.*, t. VII, p. 546.

ce nom glorieux et cher? — la ligne, lançant des salves régulières, s'avance correcte, comme à la parade. Tout plie, tout recule devant elle. »

Comme écrivain militaire, le duc d'Aumale est assurément parmi les premiers. Tous ceux de l'antiquité et des temps modernes lui étaient familiers, et, entre Montluc et Vauban, il a marqué la place et nous a révélé le rare mérite du duc Henri de Rohan. Et il a pu, lui aussi, avant de l'écrire, lire l'histoire militaire le terrain : sur les anciens champs de bataille, sur le théâtre de ses propres faits d'armes, pendant les manœuvres du 7e corps.

S'il a une campagne ou une action décisive à nous exposer, il commence par une étude brève, mais très précise, vivante et lumineuse, du théâtre des opérations. Ainsi cette description des Cévennes et des Causses, où va guerroyer Henri de Rohan, avec ces quatre petites forteresses de montagne qui flanquent la grande forteresse naturelle, avec ces défilés dans les roches, avec « ce chemin de ronde », ce « couloir » de Milhau, qui lui permet, en se dérobant aux regards de l'adversaire, d'apparaître à volonté sur la Garonne ou sur le Rhône. Ainsi celle des bruyères de Rocroi, des tourbières de Lens, des ruisseaux et des ravins du camp de Piéton, des hauteurs de Fribourg. Pour la bataille de Fribourg, même un Bossuet ne peut que répéter des expressions d'un pittoresque un peu imprécis, comme « montagnes inaccessibles », « bois impénétrables », « effroyable disposition des lieux ». C'est que l'orateur sacré n'avait pu visiter ces localités comme

---

(1) *Histoire des princes de Condé*, t. III, p. 193 et suiv.

a fait le duc d'Aumale, durant ses tournées dans la vallée
du Rhin.

Ce qui montre encore le souci qu'avait le prince de bien
comprendre et de bien faire comprendre à ses lecteurs
les guerres d'autrefois, afin que nous ne fussions pas ten-
tés de confondre ces guerres avec telles autres, peut-être
plus familières à notre mémoire, ni les armées de ce temps
avec celles de toute autre époque, ce sont ses études sur
le recrutement et la composition des troupes qui figurè-
rent dans les campagnes du XVIIe siècle. Les vieux régiments d'infanterie française, — Picardie, Piémont, Cham-
pagne, Navarre, — les vieux régiments de cavalerie, presque inexistants pendant les périodes de paix, et soudai-
nement grossis par l'afflux des jeunes volontaires de la
noblesse, qu'a rassemblés la première nouvelle qu'on va
avoir des occasions de se faire casser la tête ; — la pesante
infanterie suisse qui s'obstine à ignorer tous les perfec-
tionnements de la tactique et à perpétuer, en face des canons et des mousquets, une sorte de phalange macédo-
nienne que hérissent les piques de dix-huit pieds ; — les
bandes weymariennes, vraie Babel de toutes les langues
et de toutes les races, évoluant à travers l'Europe mise à
sac, mais qui ont une âme d'armée, trempée dans les
batailles de la guerre de Trente ans ; — les *tercios* de
l'armée d'Espagne, immobilisés, eux aussi, dans leur
morgue de soldats à moustaches grises, dans leur réputa-
tion d'invincibles et dans la triple et incommode variété
de leur armement (1), — défilent tour à tour sous nos

(1) Le soldat armé de l'épée et du bouclier ; le piquier ; le mousquetaire.

7

yeux. L'historien les fait revivre non seulement avec leurs armes, leurs tactiques, leur costume qui est à peine un uniforme, mais avec leurs traditions, leurs préjugés, les mobiles qui les entraînent, esprit de corps ou point d'honneur militaire, fureur de destruction ou fanatisme religieux, passion de l'aventure ou amour du pillage, et ce dévouement absolu à leur chef immédiat qui les empêche de compter avec les rois et qui leur rend inutile la notion des patries.

Quand ces masses viennent s'entre-choquer en quelque furieuse mêlée, de quel style l'historien va-t-il nous la raconter? Qu'on relise d'abord la première description de combat qui soit sortie de sa plume, celle où il raconte la charge des chasseurs à l'Affroun, le 27 avril 1840 : « C'était magnifique; tous les hommes, l'œil en feu, le sabre à la main, couchés sur les chevaux; devant nous, à cinq ou six pas, les burnous blancs des Arabes qui se retournaient pour nous tirer des coups de fusil ou de pistolet.... » Aucun procédé de style, mais la vision directe et lumineuse des choses, traduite en une langue alerte, sincère, colorée.

C'est de ce style, transporté de l'autobiographie à l'histoire du « grand siècle », un peu tempéré par la gravité du sujet, que vont être rédigées les batailles de Condé. Était-il possible de raconter Rocroi après la page étincelante de Bossuet? Voltaire n'a, pour ainsi dire, pas essayé : intimidé par le voisinage d'un tel modèle, il avoue, par les allusions mêmes qu'il y fait, la difficulté d'une telle tâche. Le duc d'Aumale, après Bossuet, l'a racontée, cette bataille. On peut placer l'un à côté de l'autre les deux tableaux :

certes, ils ne sont pas de la même école, mais les deux
peintres sont également des maîtres. La page de Bossuet,
c'est une bataille de Lebrun, avec le même dessin d'une
pureté impeccable, la large touche du pinceau, l'imposante
unité de composition, la noblesse un peu théâtrale des
attitudes. La page de l'historien princier a la vie intense,
la leste allure, et aussi la variété anecdotique de nos
Horace Vernet et de nos Detaille.

Tout le monde a présente à la mémoire la phrase
d'épopée : « Restait cette redoutable infanterie de l'armée
d'Espagne... » car il n'y a rien de plus beau dans notre
langue. En regard de ce chef-d'œuvre, on ne peut citer
ici tout le récit du duc d'Aumale, ce récit qui, le jour où
l'auteur en donna lecture à l'Académie française, émut
l'assemblée si profondément. Je n'en retiendrai que la
scène finale. C'est le moment où les escadrons ennemis
ont été dispersés, où, dans l'infanterie, tout ce qui n'était
pas « Espagnols naturels », les Italiens, les Allemands,
les Wallons, est en déroute. Mais pas un des *tercios* n'a été
entamé; l'infanterie espagnole reste debout tout entière,
formant un grand rectangle. A l'un des coins, assis sur une
chaise que portent quatre soldats, reconnaissable à sa
longue barbe blanche, la canne appuyée sur son pied,
apparaît le vieux comte de Fontaine. Sur tout le front de
ses mousquetaires, soutenus en arrière par l'épaisse forêt
que forment les piques, les mousquets sont chargés et
droits. Silence absolu ; personne ne riposte aux coups de
feu des Français; on se borne à serrer les rangs décimés.
« Les assaillants commencent à voir distinctement ces
hommes de petite taille, au teint basané, à la moustache

troussée, coiffés de chapeaux étranges, appuyés sur leurs armes. Tout à coup la canne de Fontaine se dresse; dix-huit bouches à feu sont démasquées, tous les mousquets s'inclinent, une grêle de balles et de mitraille balaye le glacis naturel sur lequel s'avance la ligne française... Quand le vent eut dissipé la fumée, la phalange était de nouveau immobile, les mousquets relevés, Fontaine à la même place. » Est-ce qu'il n'y a pas là de quoi tenter un grand peintre de notre temps? Le tableau est tout fait : il n'y a plus qu'à le traduire dans la langue du dessin et de la couleur. Et que de passages de ce genre on pourrait relever dans cette *Histoire!*

Le duc d'Aumale a donc sa place d'honneur dans la double série des hommes auxquels l'écrivain ancien promettait la gloire : *et qui fecere et qui... scripsere.* Le temps qu'il ne put consacrer à enrichir les fastes militaires de la France, il l'a donné à l'accroissement de son patrimoine intellectuel. Il tint avec une égale distinction la plume après l'épée, et la plume fut également au service d'une « âme guerrière » (1).

La destinée ne lui accorda pas tous les succès, ni toujours ceux-là mêmes dont il avait pu rêver en recevant sa première épaulette; elle lui en accorda d'autres qu'alors, sans doute, il ne prévoyait pas. En dépit des longues années d'inaction militaire, il avait acquis assez de la gloire des armes pour qu'un ministre de la Guerre républicain ait pu saluer en lui « le premier soldat de France ». En outre,

---

(1) Bossuet, *Oraison funèbre du prince de Condé.*

les épreuves et l'adversité développèrent en lui le citoyen modèle en des circonstances et dans une situation personnelle toutes d'exception, le sage presque résigné, le philosophe respectueux des lois autant que le Socrate du beau livre de Platon. Enfin, comme il avait cherché dans les lettres sa principale consolation, elles lui donnèrent tout le renom et tous les honneurs qu'elles peuvent dispenser. En dépit des exils, le prince restait fortement rattaché à la France par ces deux vieilles et fortes institutions, transformées et rajeunies toutes deux par la Révolution : l'Armée et l'Institut. Toutes deux ont pris sous leur garde sa mémoire. Son nom restera inscrit en lettres d'or dans trois de nos Académies ; et devant son cercueil drapé des trois couleurs se sont inclinés les étendards de nos régiments.

Paris. — Typographie de Firmin-Didot et Cie, imp. de l'Institut, rue Jacob, 56. — 37515.

www.ingramcontent.com/pod-product-compliance
Lightning Source LLC
LaVergne TN
LVHW021700080426
835510LV00011B/1496